EXPÉDITION

SUR LES

COURS SUPÉRIEURS DE L'OGÔOUÉ

DE L'ALIMA ET DE LA LICONA

PAR MM.

SAVORGNAN DE BRAZZA
Enseigne de vaisseau

N. BALLAY
Médecin de la marine

EXTRAIT DU BULLETIN DE LA SOCIÉTÉ DE GÉOGRAPHIE
(FÉVRIER 1879)

PARIS

LIBRAIRIE CH. DELAGRAVE

ÉDITEUR DE LA SOCIÉTÉ DE GÉOGRAPHIE

15, RUE SOUFFLOT, 15

1879

EXPÉDITION

COURS SUPÉRIEURS DE L'OGÔOUÉ

DE L'ALIMA ET DE LA LICONA [1]

Mesdames et Messieurs, si vous voulez bien vous reporter à l'époque de notre départ, vous vous rappellerez que la reconnaissance de l'Ogôoué était considérée par un grand nombre de géographes comme une de celles qui pouvaient résoudre les plus importants problèmes de l'hydrographie de l'Afrique équatoriale.

Le volume des eaux déversées par les lacs méridionaux qui donnent naissance au Loualaba de Livingstone était beaucoup trop considérable pour le débit du Nil supérieur. Ce débit aurait dû, en effet, être double ou même triple de celui que les explorateurs avaient accusé. L'opinion que les eaux du Loualaba devaient trouver un écoulement vers l'ouest et alimenter soit une grande mer intérieure, soit plutôt un des fleuves qui vont déboucher dans l'Atlantique, était généralement accréditée.

C'est cette opinion qui avait décidé les belles entreprises de Cameron et de Stanley à l'est et, du côté de l'ouest, les

---

1. Communication adressée à la Société de Géographie dans sa séance extraordinaire du 24 janvier 1879, tenue à la Sorbonne. — Voir la *carte provisoire* ci-jointe.

entreprises plus laborieuses des Allemands vers le Congo et du docteur autrichien Lenz sur l'Ogôoué.

Si le Congo, par son débit, pouvait en partie être considéré comme un déversoir des grands lacs équatoriaux, la situation australe de son embouchure, le grand nombre et l'importance de ses affluents déjà connus semblaient expliquer l'immense masse liquide qu'il verse dans l'Océan Atlantique.

L'Ogôoué, au contraire, donnait naissance, dans sa partie inférieure, à un grand nombre de lacs étendus et profonds, et la plus grande quantité de ses eaux semblait se perdre dans le vaste promontoire de sables et de terrains alluvionnaires qui s'étend du Gabon au sud du cap Lopez. L'Ogôoué semblait donc emprunter son cours soit au Loualaba, soit à quelque branche détournée de ce grand fleuve.

L'Ogôoué était d'ailleurs de découverte récente. Il y a trente ans, on en connaissait à peine l'existence ; les premières explorations qui nous l'ont révélé sont celles de MM. Du Chaillu, Braouézec, Serval, l'amiral Touchard, Griffon du Bellay, l'amiral Fleuriot de Langle, puis celle de M. Walker, de la Société de Géographie de Londres, qui, en 1866, venu par terre du Gabon, parvenait sur l'Ogôoué dans le pays des Inenga. Enfin M. Aymès, lieutenant de vaisseau, avec la canonnière le *Pionnier*, explora et releva, pour en faire la carte, le cours inférieur du fleuve jusqu'au confluent de la rivière Ougougné où, peu après, s'établissaient les factoreries qui font encore la limite des établissements européens. Un peu plus tard, dans le courant de 1873, M. Walker revenait encore dans l'Ogôoué et, s'engageant dans les rapides du fleuve, remontait jusqu'à Lopé chez les Okanda.

C'est à cette époque que les hasards de la vie de marin m'amenèrent au Gabon comme aspirant de première classe à bord de la frégate amirale la *Vénus*.

L'amiral du Quilio, qui commandait la station de l'Atlantique sud, voulut se rendre compte par lui-même de l'importance de ce fleuve, et, accompagné de l'amiral Duperret, alors commandant la *Vénus*, et du docteur Gaigneron, il remonta jusqu'au point atteint par M. Aymès. Là il conclut des traités avec Renoqué, chef des Inenga et avec Ngombi, chef des Galois.

MM. de Compiègne et Marche, que l'amiral du Quilio rencontra chez les Inenga, allaient partir pour continuer au delà de Lopé l'exploration du fleuve.

Leur entreprise, accomplie en 1874, fut conduite avec autant d'énergie et d'activité que le permettaient leurs moyens d'action. Parvenus sur le cours moyen de l'Ogôoué, dans la partie de ce fleuve qui suit une direction voisine de l'équateur, ils eurent à franchir plusieurs rapides et se trouvèrent bientôt en présence de l'hostilité des Osyéba, tribu considérable qui appartient à la race des Fans. Ils arrivèrent cependant au point où l'Ogôoué s'infléchit vers le sud. La terreur des noirs qui les accompagnaient les contraignit à battre en retraite, mais ils avaient eu l'honneur de reconnaître pour la première fois le cours moyen de l'Ogôoué jusqu'à la rivière Ivindo.

A cette époque, un voyageur autrichien, le docteur Lenz, envoyé par la Société africaine allemande, se disposait aussi à remonter l'Ogôoué. Désireux de prendre part aux efforts dirigés sur un fleuve qui débouche dans une colonie française, je me proposai de donner suite au projet dès longtemps formé d'entreprendre l'exploration de l'Ogôoué, en cherchant par là une voie vers l'intérieur de l'Afrique et un débouché pour notre commerce. L'amiral du Quilio, qui encourageait ces idées, appuya mon projet auprès du Ministère de la Marine. C'est ainsi que, envoyé en mission par les Ministres de la Marine et de l'Instruction publique, aidé par le Ministère de l'Agriculture et du Commerce, et grâce au concours de notre Société de Géographie, je pus organiser une nouvelle reconnaissance de l'Ogôoué. J'avais pour collaborateurs M. le docteur de la marine Ballay et M. Alfred Marche, qui avait accompagné le marquis de Compiègne dans la précédente exploration. Quelques subventions auxquelles je pouvais joindre l'appoint de ressources personnelles, nous permettaient d'espérer que le fleuve n'aurait plus de mystère pour nous et pour la géographie.

L'amiral de Montaignac, alors Ministre de la Marine, venait de présider aux préparatifs des expéditions pour l'observation du passage de Vénus ; il donna une nouvelle preuve de sa sollicitude éclairée pour les entreprises scientifiques en mettant à notre disposition le quartier maître Hamon, treize Sénégalais et quatre Gabonais qui devaient nous servir d'interprètes. Il avait, en outre, fait prendre toutes les mesures nécessaires pour faciliter autant que possible la mission dont il me chargeait. Elle avait en effet pour but, à côté du point de vue scientifique, de reconnaître l'importance réelle de l'Ogôoué comme voie de communication vers l'intérieur, l'état des populations qui habitent ces contrées et les ressources commerciales que le pays peut présenter.

Après un an de préparatifs minutieux, tout le matériel et les marchandises que nous devions emporter étaient prêts.

Partis de Bordeaux au mois d'août 1875, le 4 septembre nous touchions à Saint-Louis du Sénégal, où nous embarquions nos laptots, exercés depuis quelque temps au maniement des armes perfectionnées qu'on allait mettre entre leurs mains ; nous arrivions au Gabon le 20 octobre. Le vapeur français le *Marabout*, commandé par M. le Troquer, nous transporta jusqu'à Lambaréné, point extrême des établissements européens.

A Lambaréné même nous pûmes constater que les indigènes se montraient sinon hostiles, du moins peu empressés à nous être agréables. Ces sentiments, auxquels ne cessait de s'allier une forte dose de cupidité, entraînèrent

une succession de débats et de discussions interminables,
qui se renouvelaient chaque jour avec une continuité dé-
sespérante. Je les mentionne ici une fois pour toutes, en me
contentant de faire remarquer que les désagréments inces-
sants et les interminables lenteurs occasionnés par ces
pourparlers furent pour nous l'objet d'une irritation per-
manente.

Il était impossible de nous y soustraire, car nous ne
pouvions nous passer des indigènes pour conduire nos
pirogues, en raison de la grande quantité de marchandises
que nous étions forcés d'emporter. Vous savez, en effet,
qu'en Afrique, partout où s'arrêtent les établissements
européens, il est impossible de se procurer à prix d'or ou
d'argent les objets et les aliments les plus indispensables, et
que tout se paye avec des étoffes, des verroteries, de la
poudre, des armes ou autres produits d'échange auxquels
les noirs attachent souvent une valeur arbitraire et variable
suivant les pays.

Nous avions aussi à surmonter des difficultés d'un autre
ordre : les rives de l'Ogôoué sont peuplées de tribus dif-
férentes dont chacune a ses exigences, et prétend rançonner
les blancs que la Providence lui envoie. En outre, ces tribus
sont le plus souvent en querelle, sinon en guerre les unes
avec les autres.

Ce ne fut donc pas sans peine que nous réussîmes à entrer
en relation avec les premières peuplades sur le territoire
desquelles nous allions passer. Ces négociations furent assez
longues, mais elles me permirent de faire l'acquisition de
huit grandes pirogues et de louer les services d'une centaine
d'indigènes.

Nous parvînmes assez rapidement jusqu'à Samquita,
chez les Bakalais, mais avec le regret de laisser en arrière
le docteur Ballay, qui payait alors son tribut aux premières
fièvres.

Chez les Okota, où M. Marche avait pris les devants pour

enrôler des pagayeurs, nouveaux déboires ! Loin de se prêter à nos désirs, cette peuplade avait fait en sorte de déterminer la désertion des Bakalais que nous avions engagés. Je parle ici une fois pour toutes de la fièvre, ce triste compagnon des voyageurs européens dans l'Afrique équatoriale. Depuis cette époque, en effet, nous eûmes constamment à lutter contre les fièvres, et il nous fallut un grand effort de volonté pour ne pas nous laisser décourager par l'affaiblissement et l'anémie, conséquences inévitables du mal. Au moment où j'allais marcher en avant avec les hommes restés fidèles, je fus moi-même atteint par la fièvre et paralysé dans mes mouvements.

Ces événements se passaient dans les premières semaines de janvier 1876. Le 26, j'étais assez bien remis pour remonter les premiers rapides avec onze pirogues.

Il me fallut alors, pour la première fois, agir d'autorité sur un des chefs qui m'accompagnaient et qui s'était approprié comme esclave une femme du pays que nous allions traverser. Comme il refusait de rendre cette femme à sa tribu et menaçait du couteau le laptot que j'avais chargé d'aller reprendre l'esclave, je lui fis enlever son poignard et lier les mains. Soit crainte, soit approbation tacite de ma conduite, la pirogue de ce chef fut dès lors celle dont j'eus le moins à me plaindre tant qu'elle marcha sous mes ordres.

Nous arrivâmes le 27 janvier chez les Apingis, à l'endroit où le fleuve présente des rapides fort dangereux. L'inhabileté ou la mauvaise volonté des pagayeurs firent que sept pirogues chavirèrent. La perte qui en résulta nous semblait d'autant plus cruelle que nous étions au début de notre expédition. Les Apingis se trouvèrent à point sur le lieu du désastre pour piller un ballot de tabac et une grande partie de marchandises. Une perte plus grave encore fut celle de plusieurs instruments, dont les uns disparurent et les autres demeurèrent avariés.

Nous arrivâmes, enfin, le 10 février, à Lopé, village de la tribu des Okanda, situé à 9°17' de longitude est de Paris. Je résolus d'y établir mon quartier général, car il fallait d'une part entamer des négociations avec les riverains du cours supérieur, dont l'expédition précédente avait reçu un si mauvais accueil, et d'autre part pourvoir au remplacement des marchandises perdues.

J'envoyai chercher le docteur Ballay, qui était resté malade à Samquita, et le chargeai de ramener avec lui les marchandises qui nous faisaient défaut.

Au retour du docteur les indigènes ne voulaient remonter le fleuve qu'à l'époque de la baisse des eaux, ce qui nous condamnait à une station forcée de plusieurs mois. Je profitai de ce temps d'arrêt pour renvoyer au Gabon un certain nombre d'hommes malades ou hors d'état de continuer la campagne ; le docteur Ballay les accompagna, avec la mission d'en engager d'autres.

J'étais moi-même immédiatement entré en relations avec les Fans qui avaient arrêté MM. de Compiègne et Marche. Un de leurs chefs, Mamiaka, chez lequel j'étais allé plusieurs fois presque seul et sans escorte, se décida à venir me voir avec trente-cinq de ses hommes et m'assura de leurs bonnes intentions à notre égard. Il me conduisit ensuite, par terre, aux chutes de Booué, où j'entrai en rapport avec d'autres chefs, et enfin m'offrit de me faire conduire par son neveu Zabouret, jusqu'au pays des Sébé, inexploré jusqu'alors. L'entreprise était périlleuse mais tentante ; je partis donc avec trois hommes d'escorte seulement et quelques Fans pour porter mes bagages. Ce voyage fut extrêmement pénible ; nous eûmes à supporter des souffrances et des privations de toutes sortes et je fus forcé de laisser en arrière dans la forêt deux de mes hommes malades et incapables de me suivre.

Je n'eus d'ailleurs qu'à me louer de mes compagnons indigènes et particulièrement de l'amitié et de la loyauté de

Zabouret, qui alla jusqu'à se constituer en otage pour me permettre d'envoyer des pirogues à mes deux Sénégalais, lorsque j'eus rejoint l'Ogôoué.

A notre arrivée à Lope, nous avions rencontré un voyageur autrichien, le docteur Lenz : après de vaines tentatives pour pénétrer dans l'intérieur, il avait été rejeté d'une peuplade à l'autre sous divers prétextes. Depuis deux ans sur la brèche, il déployait une énergie et une persistance extrêmes, mais sa santé et ses ressources commençaient à s'épuiser. Il fit cependant, à ce moment, une nouvelle tentative, vint par terre avec les Fans et me rejoignit au pays des Sébé. Nous marchâmes ensemble jusqu'au pays des Adouma où je m'arrêtai, pendant qu'il poussait la reconnaissance du cours inconnu de l'Ogôoué jusqu'à la rivière Sébé. Ce fut son dernier effort, après lequel il rentra en Europe.

J'avais espéré faire descendre les Sébé et les Adouma jusqu'au pays des Okanda, mais je ne pus rien obtenir. Ignorant de ce que faisaient mes compagnons, surexcité par les mensonges, la fourberie et la duplicité des naturels, épuisé par cette longue marche à travers les terres, je me trouvai dans un état de santé tel que je crus ma dernière heure venue.

Pendant cette longue période de souffrances, MM. Ballay et Marche avaient pu remonter l'Ogôoué; ils avaient trouvé le meilleur accueil sur toutes les rives habitées par les Fans qui leur avaient prêté aide à la chute de Booué et dans plusieurs passages difficiles. Après avoir dépassé la rivière Ivindo, dernier point atteint sur le fleuve par la précédente expédition, ils me rejoignaient au pays des Sébé au moment où, épuisé, j'allais descendre chercher leurs soins. Je remis alors le commandement de l'expédition au docteur Ballay, fortement affaibli lui-même par des accès de fièvre violents et répétés. C'est alors que je chargeai M. Marche de pousser une reconnaissance au delà du point atteint par le docteur Lenz; il parvint ainsi au confluent de la rivière Lekélé, augmentant de 75 kilomètres nos connaissances sur le cours supérieur de l'Ogôoué.

Malheureusement il avait fallu laisser en arrière une certaine quantité de marchandises sous la garde du quartier-maître Hamon et de quelques hommes; aussi, dès que je fus un peu remis de ma maladie, je redescendis au quartier général de Lope pour y chercher un dernier ravitaillement. Au mois d'avril 1877, j'étais de nouveau revenu à Doumé avec tout le personnel de l'expédition. Nous eûmes à ce moment-là le regret de nous séparer de M. Marche, que l'état de sa santé rappela en Europe.

J'ai résumé, messieurs, aussi brièvement que possible, cette première partie de l'expédition, dont les dernières nouvelles sont parvenues en Europe avec M. Marche. Nous allions entreprendre la seconde partie, la plus fatigante de cette campagne. Nous étions dans des conditions fort peu encourageantes, assurés que toute communication serait suspendue avec la côte, par conséquent avec les pays civilisés, affaiblis par diverses épreuves, mais soutenus par le désir de mener à bonne fin la reconnaissance géographique de l'Ogôoué, et désireux de ne reparaître au milieu de vous qu'avec un ensemble de résultats satisfaisants.

Avant, toutefois, d'entreprendre le récit des événements dont je n'ai pu donner qu'une connaissance sommaire depuis mon retour, vous me permettrez de rappeler dans quelles conditions nous avons dû transporter notre quartier général de Doumé, chez les Adouma, sur le cours supérieur du fleuve, aux chutes de Poubara, en pays complétement inconnu.

Nous avions entrepris des négociations avec les Adouma pour les amener à nous conduire avec leurs pirogues dans la partie supérieure du fleuve. Ils nous promirent tout ce que nous demandions, reculant néanmoins sous différents prétextes le jour du départ; puis, de retard en retard, ils finirent par nous déclarer que le temps était venu pour eux, non de remonter, mais de descendre le fleuve pour faire leur commerce habituel avec les peuplades plus rapprochées de la côte.

Nous pûmes triompher de cette difficulté en gagnant le grand féticheur à prix d'or, c'est-à-dire en sacrifiant un fort lot de marchandises et lui faisant lancer une sorte d'interdit sur le cours en aval du fleuve. Chez ces peuples superstitieux, la résistance ouverte ou dissimulée aux féticheurs serait non-seulement pour le coupable, mais pour la tribu tout entière, l'origine des plus grands malheurs.

Un autre incident était venu, à la même époque, compliquer notre situation ; la petite vérole s'était déclarée chez les Adouma. Elle avait enlevé un certain nombre des chefs de cette tribu sur lesquels nous comptions le plus et, pour comble d'ennui, on nous accusait de l'avoir apportée : — « Nous avions, disaient-ils, encore beaucoup d'autres caisses pleines de maladies. » La mortalité était d'autant plus considérable sur les indigènes, que leur mode de traitement, dont le bain froid faisait partie, leur était funeste. Cependant, grâce aux soins du docteur Ballay, qui chaque jour alla visiter les malades du voisinage, un grand nombre de ces malheureux guérirent et les préventions dont nous étions l'objet se dissipèrent un peu.

Permettez-moi, messieurs, à ce propos, de vous raconter un fait qui vous démontrera bien la cupidité et l'abaissement moral de ces tribus. Le docteur Ballay sortant d'une case où il venait de soigner deux enfants, il demanda un peu d'eau à la mère pour se laver les mains. « Que me payeras-tu, lui répondit-elle, si je t'apporte de l'eau ? »

Mais les Adouma ne pouvaient se résigner à voir toutes nos marchandises quitter leur pays. Ils désiraient en garder une partie avec quelqu'un de nous, soit à cause du bénéfice qu'ils en retiraient en nous vendant des vivres, soit à cause de la protection que notre présence assurait à ceux qui habitaient dans notre voisinage. Cette fois, nous eûmes recours à la ruse, en disposant en évidence un certain nombre de caisses vides qui, soigneusement fermées et chargées d'objets sans valeur, paraissaient constituer le plus net de notre capital.

Lorsque l'heure du départ fut arrivée, le docteur Ballay et le quartier-maître Hamon chargèrent les bonnes caisses sur les pirogues et remontèrent le fleuve. Pour n'éveiller aucune défiance, je restai au quartier général avec quelques-uns de mes laptots.

Quand les Adouma rentrèrent dans leur pays, je leur fis voir les caisses vides et leur annonçai que j'allais partir à mon tour, mais aucun d'eux ne voulut m'accompagner. Je dus donc m'embarquer avec mes laptots pour aller rejoindre mes compagnons. C'était une tentative assez périlleuse, car la partie de l'Ogôoué que nous avions à remonter est semée de rapides, et mes hommes n'étaient pas habitués à cette navigation. Mais en somme nous ne risquions guère que notre peau. Il est vrai qu'elle fut soumise à de rudes épreuves, car notre inexpérience nous fit chavirer à mainte et mainte reprise. J'y perdis ma meilleure boussole, mon chronomètre et mon sextant qui furent avariés. Cependant, après une succession de bains forcés, de heurts et de mésaventures de tout genre, nous parvînmes à rejoindre nos compagnons et leur précieux chargement.

Nous avions pu gagner ainsi, au delà des points atteints par M. Lenz d'abord, puis par M. Marche, 75 nouveaux kilomètres sur le cours inconnu du fleuve. Ces événements s'accomplissaient en juillet 1877.

Si vous vous étonnez, messieurs, de voir les dates marquantes s'échelonner à des intervalles aussi considérables, je dois faire observer que les saisons si variables de la zone équatoriale arrêtent souvent pendant des mois entiers toute entreprise de voyage, soit par eau, soit par terre.

M. Ballay avait établi le nouveau quartier général aux chutes Poubara dans le pays des Awumbo. Là le fleuve se divise en deux branches, l'Ogôoué, que les indigènes appellent Rebagni, et la rivière Passa. Les deux cours d'eau, interrompus par des chutes et des rapides rapprochés, ont perdu leur importance et ne servent plus de voie de communication. C'est à peine s l'on y voit encore quelques pirogues petites et mal faites, qui ne servent d'ailleurs qu'à traverser d'une rive à l'autre.

La rivière Passa et l'Ogôoué diminuent rapidement d'importance et peuvent bientôt être franchies à gué. Leur source doit se trouver dans la chaîne de montagnes dont le versant occidental écoule dans l'Atlantique, sur la côte de Mayombé, des rivières de peu d'importance.

Arrêtés par des difficultés de toute espèce, nous avions mis presque deux ans à arracher à l'Ogôoué le secret qu'il venait de nous livrer. Nous avions appris aux riverains à connaître et à respecter le nom de la France; nous avions acquis un tel ascendant sur les peuplades chez lesquelles les hasards et les obstacles de notre voyage nous avaient si longtemps arrêtés, que le pavillon français, arboré sur les pirogues d'une tribu, les protégeaient contre les attaques des tribus ennemies, bien que depuis longtemps nous eussions quitté la contrée.

Ainsi, la question de l'Ogôoué se trouvait désormais résolue : ce fleuve n'était pas, comme on l'avait pensé, une voie pour pénétrer dans l'intérieur.

La mission de l'Ogôoué étant terminée, nous nous décidâmes à abandonner ce fleuve qui avait si longtemps trompé nos espérances. Mais notre tâche n'était point finie; notre objectif fut alors de nous avancer vers l'est, et de tenter de soulever le voile sous lequel se cachait l'immense contrée inconnue qui nous séparait des régions du haut Nil et du Tanganika, où nous croyions concentrés les efforts de Stanley et de Cameron.

Maintenant, il nous fallait nous frayer une route par terre et transporter nos bagages à dos d'hommes. Quels moyens allions-nous employer dans un pays où chaque village est en guerre avec son voisin et où il est rare de voir un homme qui ait franchi l'horizon du village où il est né? Comment se procurer des porteurs dans un pays où il n'y en a pas?

Jusqu'alors, le grand écueil de notre marche avait été les hostilités de tribu à tribu, mais dans la contrée où nous étions, les relations commerciales étendues et le transport des marchandises par des porteurs n'avaient jamais existé. C'est à peine si nous pouvions réunir à la fois des bandes de dix ou quinze hommes qui, moyennant un payement exorbitant, consentaient à transporter nos caisses pendant quelques kilomètres.

Ce fut donc au prix de mille peines et de mille tracas que nous pûmes conduire tout notre bagage à une demi-journée de marche au nord, sur les collines qui bordent la rivière Passa.

On ne saurait imaginer avec quelle irritation croissante nous accomplîmes cette première étape. C'est à droite et à gauche qu'il fallait aller raccoler un à un des hommes qui, une fois le paiement reçu, abandonnaient le plus souvent leur fardeau à moitié chemin. Pour comble d'exaspération, nous constatâmes, une fois le transport terminé, que plusieurs de nos caisses avaient été ouvertes et en partie dévalisées.

Réduits à d'aussi tristes moyens d'action, nous étions dans l'impossibilité d'avancer. Nous allions, en effet, traverser la bande de pays qui sépare les peuplades de l'Ogôoué de celles de l'est. Or les unes et les autres se livraient une guerre acharnée, et personne n'aurait voulu me suivre sur ce terrain qui venait d'être dévasté par des combats continuels. Les gens de notre escorte eux-mêmes, épouvantés à l'idée de quitter le fleuve qui devait les ramener dans leur pays, nous créaient par leur résistance passive les plus sérieuses difficultés. C'est dans ces circonstances que nous eûmes à déployer la plus grande somme de patience et d'énergie dont nous pouvions disposer. Il arriva un moment où, sur le point d'être abandonnés par tous nos hommes, nous leur déclarâmes que leur départ ne saurait changer notre résolution et que s'ils ne voulaient pas nous suivre, nous continuerions à avancer seuls.

Il ne nous restait donc qu'une dernière ressource, celle d'employer des esclaves comme porteurs. J'avais déjà essayé l'année précédente d'utiliser des esclaves comme interprètes, mais l'essai n'avait point réussi. A peine rentraient-ils dans leur pays qu'ils me quittaient, usant de la liberté que je leur avais donnée dès l'origine, pour aller retrouver ceux qui les avaient déjà vendus et qui les revendaient encore. Nous avons vu même l'un d'eux mettre presque immédiament la bûche de l'esclavage au pied de son compagnon de liberté.

Deux d'entre eux, N'djioué et Doumangoï, seuls m'étaient restés fidèles et m'avaient été très-utiles. Je me décidai à acheter des porteurs, mais cette fois en leur déclarant qu'ils ne jouiraient de leur liberté que le jour où je n'aurais plus besoin de leurs services.

La saison des pluies était arrivée et me permettait d'utiliser l'inaction à laquelle elle me condamnait, pour aller chercher à droite et à gauche chez les chefs environnants les hommes qui nous étaient nécessaires.

Pendant ce mois j'ai été témoin de toutes les ignominies que peut présenter un pays où le seul commerce est le commerce d'esclaves.

Dans la région boisée et fertile, mais malsaine, que nous venions de traverser, nous avions trouvé une abondance relative de vivres.

Le pays des Batéké, au contraire, dans lequel nous allions nous engager, nous était dépeint sous les couleurs les plus sombres, peuplé par des hommes adonnés à la guerre et au pillage, dénué de vivres et présentant, par conséquent, les plus grandes difficultés de ravitaillement pour un personnel que nous avions triplé.

J'avais, d'ailleurs, pu vérifier une partie de ces dires dans deux reconnaissances qui avaient pour but de déterminer la route à faire suivre à notre caravane. Le pays se présentait, en effet, sous la forme d'un désert, avec le sable pour sol, creusé par endroits de gorges profondes où émergent des roches granitiques. J'y pus relever des traces du passage du lion, dont le domaine semblait succéder à celui de l'éléphant et du gorille qui habitent le bassin de l'Ogôoué.

Depuis quelques temps déjà nous venions d'éprouver une cruelle déception. La caisse en fer blanc soudée qui renfermait nos provisions de chaussures et que nous croyions parfaitement étanche, s'était remplie d'eau dès les premiers naufrages que nous avions essuyés sur l'Ogôoué. Lorsque nous l'ouvrîmes à Poubara, son contenu était absolument hors de service, en sorte qu'après avoir laissé sur la route les lambeaux de nos vieilles chaussures, nous en fûmes réduits à marcher pieds nus. Ce mode de locomotion qui semble si naturel chez les noirs, était très-dur pour nous; cependant, il fallut nous y résigner pendant près de sept mois. Nous commencions à nous y faire lorsque nos vêtements en lambeaux laissèrent nos jambes exposées aux atteintes des broussailles et des buissons épineux.

La saison des pluies n'était pas encore terminée, qu'impatients de continuer notre voyage, nous nous mettions en route sans avoir souci des ondées qu'un ciel inclément versait chaque soir sur nos corps fatigués.

Dès lors la marche devint plus rapide; en vingt jours nous traversâmes le pays des Umbété pour entrer dans celui des Batéké où, de nouveaux porteurs libres s'étant offerts, nous eûmes une dernière fois la complaisance d'accepter leurs services.

La leçon devait être décisive. Comme M. Ballay était resté en arrière avec nos porteurs spéciaux, les Batéké, au nombre de cinquante, jetèrent à un moment donné leurs fardeaux à terre et nous entourèrent en nous menaçant de leurs sagaies. Un instant de faiblesse eût tout perdu, car ces gens-là n'attendaient que l'occasion de piller les bagages; heureusement la fermeté de notre contenance les tint en respect.

Ils se décidèrent à reprendre leurs bagages, mais à contre cœur et, en raison de leur mécontentement qui pouvait donner naissance à une nouvelle algarade, je les arrêtai dans le premier village que nous rencontrâmes. Ce village était situé sur les bords d'un ruisseau qui devient ensuite la rivière N'Koni.

Croyant les gens du village animés de bonnes intentions, je renvoyai Hamon à M. Ballay pour lui indiquer la route la plus courte par laquelle il devait me rejoindre.

Après le départ d'Hamon, de grands attroupements formés des gens du village et de ceux des villages voisins commencèrent à m'entourer avec des démonstrations peu pacifiques. Resté seul avec trois hommes sur le courage desquels je ne pouvais compter, je dus prendre des mesures pour préserver les marchandises dont j'avais la garde.

Heureusement ces faits s'étaient produits à la chute du jour; après avoir fait une sorte de retranchement de mes bagages, je voulus au moins être prêt pour une attaque de nuit et j'enterrai en avant de la position une caisse de poudre à laquelle il me serait facile de mettre le feu.

Cette opération nocturne, entourée des précautions que réclamait la circonstance, eut un tout autre effet que celui que j'avais imaginé. Les Batéké, d'abord intrigués de mes allures, puis croyant que je me livrais à quelque exorcisme, furent tout à coup saisis d'une frayeur superstitieuse. Le mot de « Fétiche » ayant été prononcé, tous mes maraudeurs se reculèrent le plus loin possible de l'endroit où j'étais et finirent par me laisser la paix.

Cependant le nombre des porteurs réguliers était insuffisant; il fallait faire trois voyages pour un, c'est-à-dire ne transporter à la fois que le tiers des marchandises. On arrivait cependant, non sans peine, à faire deux étapes en cinq jours.

En cheminant de la sorte, nous atteignîmes une petite rivière appelée par les indigènes N'gambo. Sa largeur ne dépassait pas vingt mètres, mais elle était très-profonde et courait dans la direction de l'est.

En suivant son cours, nous arrivâmes à une rivière plus importante dans laquelle elle versait ses eaux. Cette nouvelle rivière, qui coule également vers l'est avec une légère inflexion vers le nord, est appelée l'Alima.

Au point où je l'ai mesurée, cette rivière avait 140 mètres de large avec une profondeur moyenne de 5 mètres; mais sa largeur moyenne doit être de 100 mètres. Quand les rives se rapprochent en deçà de cette distance, le courant normal, qui est d'un mille et demi à deux milles, atteint bientôt une vitesse de trois milles à l'heure. Les indigènes affirment que l'Alima n'a pas de rapides et qu'elle va, après six jours de descente, se jeter dans un grand fleuve d'où viennent la poudre et les fusils.

Nous pensions alors que l'Alima nous conduirait vers quelque grand lac intérieur au sud du Ouadaï. Ce qui confirmait cette opinion, c'est que le sel que les indigènes obtenaient par cette voie n'était pas, comme en beaucoup d'autres points, le produit du traitement de quelques plantes salines, mais bien du véritable chlorure de sodium teinté de noir, et qui ne pouvait être récolté que dans les vases de quelque grande surface d'évaporation.

L'Alima nous offrait une occasion beaucoup trop favorable de continuer notre route vers l'est, pour qu'il nous fût permis de la négliger.

Mais notre situation donnait à réfléchir; ce n'était pas impunément que nous venions de passer plus de deux ans en Afrique; notre santé était délabrée et nous manquions de tout, même de cartouches que nous commencions à ménager.

Où nous conduirait ce fleuve qui semblait ne pas devoir déboucher à la mer? Avec nos ressources épuisées et notre rudiment d'escorte, comment nous dégager des contrées où l'Alima allait nous enfermer?

Je ne me reconnus pas le droit d'engager, sans leur consentement, mes compagnons de route dans une entreprise aussi téméraire. Je les consultai et retrouvai en eux cette énergie et cette abnégation qui ne se sont pas démenties un seul instant dans toutes nos épreuves.

La route qui nous était ouverte allait nous entraîner au centre du continent inconnu. Nous nous résolûmes à tenter l'aventure, même au péril de notre vie, et à marcher devant nous, cherchant une issue vers l'est, sans songer un seul instant à revenir sur nos pas.

Les Batéké peu à peu s'étaient humanisés en constatant que nos relations étaient fort amicales et surtout accompagnées de grandes générosités. Bientôt ils devinrent nos amis, et nous donnèrent des renseignements précieux sur les populations de l'Alima.

On y trouve, disaient-ils, les établissements d'un peuple qui habite à l'extrémité de la rivière, au point où elle se jette dans une plus grande où l'on peut naviguer pendant des mois entiers. Ce peuple s'appelle Apfourou. Il vient dans le haut de l'Alima pour chercher du manioc et de l'ivoire, en retour desquels il se procure de la poudre, des armes et des pagnes blancs; mais, comme ici il n'est pas établi à demeure, et comme il s'est approprié, en vertu du droit du plus fort, la possession du cours navigable de l'Alima, il abuse souvent de sa supériorité pour extorquer les pauvres gens avec lesquels il trafique. C'est ainsi qu'il avait réduit cette année le pays à la famine en lui enlevant toutes ses provisions. C'eût été une bénédiction que des blancs pussent attaquer les Apfourou et les réduire à la raison.

Quant aux Batéké eux-mêmes, il paraît qu'ils s'étendent jusqu'aux rives du Congo, puisque Stanley signale leur présence sur sa carte dans les régions qui correspondent à celles où nous les avons rencontrés.

Nous étions bien loin d'entrer dans les vues des Batéké; nous voulions nous appliquer, au contraire, à nouer avec les Apfourou des relations amicales et à gagner leurs bonnes grâces, comme nous l'avions fait pour les Fans.

Je commençai donc à suivre le cours de l'Alima, jusqu'à ce qu'il me fût permis d'entrer en relation avec un établissement d'Apfourou. Le premier campement que nous aperçûmes sur le rivage s'était en quelque sorte vidé comme par enchantement. Cependant, m'étant avancé seul, je trouvai un Apfourou étendu sur une natte à côté d'un feu où bouillait une marmite. Sans doute celui-là était endormi au moment de l'alerte et venait seulement de s'éveiller. Pour le rassurer, je m'assis à quelques pas et gardai le silence; mais, à peine eus-je fait un geste et prononcé deux paroles, que le malheureux, saisi d'une terreur folle, se·releva et disparut en un instant.

J'examinai alors le campement : tout indiquait les préparatifs d'un départ précipité, causé sans doute par notre approche. Deux pirogues étaient accostées à la rive et on y avait entassé en désordre les objets les plus précieux.

Pour témoigner de la loyauté de mes intentions, je pris du tabac et quelque peu d'aliments, à la place desquels je déposai des marchandises pour une valeur dix fois supérieure, et je me retirai.

On m'observait, sans doute, car lorsque nous arrivâmes à un autre campement, les Apfourou manifestèrent moins d'effroi et nous pûmes peu à peu entrer en pourparlers avec ces hommes défiants.

Je constatai dans un autre village, où je fus bien reçu, des préparatifs de départ; on avait chargé une grande quantité de paniers de manioc d'une forme toute spéciale dans des pirogues qui semblaient prêtes à partir. Je fis un grand cadeau au chef et je me retirai discrètement, pendant que ces défiants indigènes adressaient mille questions aux hommes de mon escorte. Ils tenaient surtout à savoir si nous connaissions la manœuvre des pirogues. Après avoir envoyé d'autres présents, je rendis de nouveau visite à ce chef; mais ce ne fut pas sans peine que je pus me procurer des pirogues, car les chefs s'opposaient aux négociations. A chacune de mes offres , la réponse invariable : « Ce n'est point assez » m'apprenait que les chefs exerçaient leur pression sur les propriétaires des pirogues.

Il vint cependant un moment où l'accumulation des objets que j'avais étalés pour l'acquisition des barques finit par exercer une attraction irrésistible. Alors, presque affolés à la vue de tant de trésors, ils s'en emparèrent et s'enfuirent en abandonnant les pirogues.

Mais le mécontentement des chefs me faisait craindre pour l'avenir; j'aurais voulu pouvoir ne pas brusquer ce marché ; les circonstances ne le permirent pas.

Le lendemain je fus rassuré sur les intentions des Apfourou ; ils nous proposèrent l'acquisition d'une nouvelle pirogue, ce qui porta à huit le nombre des embarcations dont nous pouvions disposer. Il est vrai que plusieurs d'entre elles étaient en mauvais état, mais notre industrieux quartier-maître, dont l'esprit inventif et l'adresse naturelle suppléaient à tout, trouva le moyen de les radouber avec de la gomme Copal qu'il fallut faire fondre et dont l'emploi nous valut de cuisantes brûlures aux mains et aux pieds.

Nous embarquâmes donc nos bagages, notre escorte et nos porteurs, enchantés à la seule idée de faire en quelques jours plus de chemin que nous n'en avions fait depuis trois mois; mais nous ne tardâmes pas à voir se dissiper nos illusions. Les Apfourou n'entendaient pas qu'on naviguât sur leurs eaux, surtout avec des marchandises. Les noirs sont, en effet, les commerçants les plus défiants et les plus impitoyables que je connaisse. Nous nous engagions d'ailleurs dans cette région inhospitalière où Stanley avait dû livrer tant de combats.

Les Batéké venaient nous donner à chaque instant des indications sur les allures des Apfourou, qui, disaient-ils, voulaient s'opposer à notre descente dans leur pays où l'Alima devait nous mener.

Ils avaient abandonné une partie de leurs campements pour se concentrer sur ceux qui étaient situés dans des positions stratégiques plus avantageuses, afin de nous barrer le passage. L'indice le plus manifeste de leur résolution d'entrer en guerre était le renvoi de leurs femmes et de leurs enfants, qu'ils avaient mis à l'abri dans leur pays.

Nous persistions cependant, dans l'espoir que notre attitude inoffensive et nos dispositions pacifiques conjureraient au dernier moment les dispositions hostiles des Apfourou.

Le jour où, embarqués dans nos huit pirogues, nous commençâmes la descente, le premier village Apfourou nous laissa passer sans nous inquiéter. Cette tolérance provenait-elle d'un revirement d'idées ou de la surprise causée par la rapidité de notre marche? Notre incertitude cessa bientôt, car le cri de guerre retentit et plusieurs pirogues se mirent à notre poursuite sans toutefois se rapprocher de nous. Mais, quand nous découvrîmes dans le lointain un nouveau village, les cris des pagayeurs qui nous suivaient redoublèrent d'intensité. On leur répondait des villages devant lesquels nous allions passer et où l'on se préparait à nous accueillir à coups de fusil.

Il ne pouvait nous rester aucun doute et nos porteurs ne s'y trompaient pas ; ils abandonnaient leurs pagaies pour se blottir au fond des pirogues. Nos hommes d'escorte durent alors quitter leurs fusils pour maintenir les embarcations au milieu du fleuve. Nous étions partis de bonne heure et nous avions fourni une assez longue descente au moment où les premiers coups de feu partirent des rives. La fusillade, d'abord rare et mal assurée, devint plus nourrie et plus dangereuse. Trois de mes hommes ayant été légèrement blessés, il fut impossible de les empêcher de laisser leurs pagaies et de faire le coup de feu, inconvénient fort grave, car nos porteurs étant couchés au fond des pirogues, nos hommes étaient seuls à la manœuvre.

Pendant le reste de cette longue journée, nous fûmes attaqués par tous les villages devant lesquels nous passions et poursuivis par leurs pirogues.

Le soleil avait disparu sous l'horizon et la nuit allait bientôt être noire ; elle était la bienvenue, car elle nous promettait de protéger notre descente. Mais notre espérance fut trompée, nous venions d'être aperçus par une pirogue envoyée en reconnaissance et nos mouvements furent signalés aux villages qui se trouvaient en aval.

La passe dans laquelle nous allions nous engager était formidablement défendue et dominée par de nombreux villages sur les deux rives. Les habitants, à l'annonce de notre arrivée, poussaient des clameurs formidables et semblaient prêts depuis longtemps à l'attaque.

Il aurait été téméraire de s'engager dans une affaire de nuit contre des gens qui connaissaient la rivière et avaient sans doute pris toutes leurs mesures pour nous barrer le passage. Nos pirogues allèrent s'adosser à un banc d'herbes flottantes et attendirent. Soit que les Apfourou eussent deviné notre projet, soit qu'ils voulussent se tenir en éveil, des feux nombreux furent allumés sur chaque rive et nous enlevèrent tout espoir de passer inaperçus à la faveur de la nuit.

La nuit fut continuellement troublée par les clameurs, les chants de guerre, le son du tam-tam et les ombres qui circulaient à distance autour de notre groupe. On entendait vers l'est le bruit des pagaies ; c'était les pirogues des établissements d'aval qui remontaient le fleuve pour prendre part à la lutte. On les entendait chanter que nous étions de la viande pour leur festin de victoire. En présence de ces préparatifs, je jugeai prudent de prendre position sur la rive, où mes laptots se trouvaient plus libres de leurs mouvements que dans nos embarcations.

Au point du jour, nous vîmes déboucher d'une pointe qui masquait le bas du fleuve, une trentaine de pirogues chargées de noirs armés de fusils. Cette flottille se distribua régulièrement sur les deux ailes de manière à nous attaquer des deux côtés à la fois. Quand les Apfourou furent arrivés à une distance d'une quarantaine de mètres, le feu commença de part et d'autre. Nous avions quinze fusils entre des mains suffisamment exercées. La rapidité de notre tir et la précision de nos armes eurent bientôt raison de nos ennemis; quelques minutes s'étaient à peine écoulées, qu'ils cherchaient un prompt salut dans la fuite.

Nous pûmes jouir alors de quelque répit, mais il fallait prendre une résolution rapide. Mon intention était de profiter du premier moment de stupeur des Apfourou pour franchir le passage, mais un inventaire de nos munitions me démontra qu'elles seraient rapidement épuisées avant que nous fussions arrivés au terme de l'immense route.

Il était évident, en effet, qu'à mesure de notre descente, nous traversions une quantité toujours croissante d'ennemis, car nous n'étions pas encore sur le véritable territoire des Apfourou, mais seulement sur celui de leurs établissements d'amont.

Ces Apfourou se battaient avec courage. Je me souviendrai toujours de l'homme qui était dans la pirogue de tête, celle sur laquelle se concentra tout notre feu; il ne cessa jamais de se tenir debout et d'agiter son fétiche au-dessus de sa tête : il fut préservé des balles qui pleuvaient autour de lui.

Notre ignorance du pays, la faiblesse de notre escorte, ne nous permettaient pas de nous frayer un passage de vive force le long du fleuve. Ce n'eût plus été du courage, mais une témérité insensée dont le moindre inconvénient, sans compter les risques que couraient nos existences, était de compromettre les résultats que nous avions acquis.

Vous ne vous étonnerez donc pas de ma décision de quitter l'Alima peuplé de tribus si acharnées à notre perte.

J'ai regretté depuis lors de n'avoir pas obéi à ma première inspiration, lorsque j'appris, par le récit des voyages de Stanley, qu'en moins de cinq jours nous nous serions, par une pointe hardie, engagés dans les eaux du Congo, au lieu d'aboutir à quelque impasse lacustre où nous aurions été à la merci des Apfourou.

Pour nous mettre à l'abri de ceux-ci, il nous fallait reprendre la marche par terre, si pénible à cause du manque de souliers. Pour que ce mouvement fût rapidement opéré, il importait de garder seulement la charge de bagages que nos porteurs pouvaient enlever en une seule fois. Je fis donc noyer sept caisses de marchandises ; c'est là que le docteur Ballay dut sacrifier ses précieuses collections. Pendant ce temps, nous étions informés que les Apfourou faisaient leurs préparatifs pour une seconde attaque qu'ils se proposaient de livrer le lendemain. Cette fois, nous devions être assaillis non-seulement de tous les points de la rivière, mais du côté même de la terre, où l'on se disposait à nous cerner. Ces nouvelles furent confirmées par l'apparition d'un espion dans la forêt marécageuse où nous nous supposions à l'abri, mais qui, investie par l'ennemi aurait été notre tombeau, car nous y perdions, dans une lutte corps à corps, l'avantage de nos fusils à tir rapide.

Aussitôt que la nuit fut venue, nous nous mîmes en marche, toujours résolus à pousser vers l'est aussi loin qu'il serait possible.

Les débuts de cette retraite furent très-pénibles, car nous avions à nous dégager d'une forêt marécageuse sur une étendue de cinq cents mètres. Il ne nous fallut pas moins de trois heures pour nous tirer de ce bourbier à la lueur fumeuse de torches de bambou.

Au point du jour, nous avions atteint le pied des collines les plus rapprochées et le soir nous étions hors de portée des Apfourou.

En récapitulant notre malencontreuse navigation de l'Alima, nous pûmes constater que nous avions, en deux jours, descendu cette rivière sur un parcours d'une centaine de kilomètres à vol d'oiseau.

Je suis heureux de dire cependant qu'en dépit de tant d'obstacles et d'épreuves, la bonne amitié et le parfait accord qui régnaient entre nous n'eurent à souffrir aucune atteinte, et c'est avec une fierté légitime qu'en ma qualité de chef de l'expédition je puis donner à mes courageux collaborateurs Ballay et Hamon les éloges auxquels ils ont droit.

Une nouvelle série de souffrances et d'épreuves nous attendait au pays des Batéké, dans lequel nous venions de rentrer. Le territoire était, comme je l'ai déjà dit, désolé par la famine et pour comble de malheur l'eau y était devenue si rare qu'il fallait la payer à des prix excessifs. Dès ce moment, comprenant qu'il fallait prêcher d'exemple pour nous assurer le concours dévoué de notre escorte et de nos porteurs, nous prîmes la résolution de faire à chaque repas les rations égales et de nous contenter des trois dernières, après que nos laptots et nos porteurs avaient fait eux-mêmes leur choix. Notre attitude en présence des Apfourou, la rapidité avec laquelle nous avions dissipé leurs attaques, nous avaient placés en haute estime auprès des Batéké, qui se montrèrent dès lors plus hospitaliers. Il nous fut donc possible de franchir le bassin de l'Alima et de nous engager dans celui d'un autre cours d'eau plus important encore, qui compte un grand nombre d'affluents.

Le premier de ces affluents que nous eûmes à traverser fut la rivière Oba, qui donne son nom à ses riverains. Nous rencontrâmes plus loin le Léboï N'gouco à 180 kilomètres de l'Alima. Nous le passâmes à l'époque des basses eaux; il présentait une profondeur de 1^m50 à 2^m50; aux époques de la crue, son niveau doit s'élever d'au moins 2 mètres, autant qu'il m'a été permis d'en juger par des traces d'étiage naturel. Nous fîmes halte à cet endroit. La difficulté de nous procurer des vivres devenait de plus en plus grande ; un certain nombre de nos porteurs étaient à bout de forces ; il n'était guère possible d'avancer dans ces conditions. Je pris sur moi de diviser notre colonne en deux parties, ne gardant que les gens les plus valides et chargeant Ballay et le quartier-maître Hamon de ramener le reste, à petites étapes, jusque sur les bords de l'Ogôoué, où je me propo · sais de les rejoindre ultérieurement.

Le 19 juillet 1878, avec la résolution de pousser aussi loin que je le pourrais dans une marche dégagée de toute entrave, je traversai le Léboï N'gouco avec dix porteurs et six hommes d'escorte ; mais, quelque bonne intention que j'eusse de marcher dans la direction de l'est, il fallut me rabattre vers le nord, car nous approchions du territoire des Anghié où aucun des indigènes ne voulait nous conduire.

Ces Anghié forment une tribu guerrière et redoutée de tous les peuples voisins ; ils sont armés de fusils et font de fréquentes razzias hors de leurs frontières. Ils habitent les bords d'une grande rivière. Les esclaves qu'ils font dans leurs razzias sont emmenés dans des contrées si lointaines qu'on n'a pas souvenir d'en avoir jamais revu un seul.

A une trentaine de kilomètres au nord du Léboï N'gouco, je rencontrai la rivière Licona, un peu moins importante au point où je la traversai, que l'Alima. Sa largeur était de 100 mètres; sa profondeur aux basses eaux variait de 3 à 5 mètres, mais son niveau peut s'élever de 3 mètres au moment des crues. Elle suit approximativement la direction de la ligne équatoriale dans le sens de l'ouest à

l'est et reçoit un peu en aval le confluent de l'Oba et du
Léboï N'gouco. Elle devient bientôt si considérable qu'il
faut, au dire des indigènes, plus d'une demi-journée pour
la traverser d'une rive à l'autre. Il y a des hommes qui y
naviguent pendant des mois entiers, se réfugiant le soir
dans des îles pour y passer la nuit. Ce sont ces gens-là qui
viennent chercher les esclaves enlevés par les Anghié et qui
emmènent leur marchandise humaine dans des régions dont
personne ne revient. Ces mêmes gens ont de la poudre,
des fusils et des pagnes (étoffes blanches) de fabrication
européenne.

Ces indications, qui me semblaient alors suspectes, se
justifient aujourd'hui, lorsque je réfléchis que les indigènes
confondaient le cours inférieur de la Licona avec celui du
Congo.

A partir de la Licona, le voyage devint extrêmement pénible; mes jambes, trop cruellement maltraitées par les
broussailles, étant couvertes de plaies; mon escorte et mes
porteurs n'étaient guère en meilleur état, quelle que fût
leur habitude de ces pérégrinations dans la brousse. Les
marchandises touchaient à leur fin; c'est à peine si j'en
avais une quantité suffisante pour assurer mon retour.
L'imminence de la saison des pluies, qui menaçait le pays
d'une inondation générale, allait me couper la retraite. Je
parvins cependant jusqu'à la rivière Lébaï Ocoua, située
à un demi-degré au nord, soit à 55 kilomètres de l'équateur,
et dont la rive opposée est habitée par les Okanga. Mais
l'oiseau qui annonce la saison des pluies avait chanté; je
repris tristement le chemin de l'Ogôoué; c'était le 11 août.

Presque jour pour jour, il y avait trois ans que j'avais
quitté l'Europe.

Lébaï Ocoua, dans la langue du pays, signifie : rivière de
sel. En effet, ce produit si précieux en Afrique est obtenu
là des indigènes par l'évaporation de l'eau des petits ruis-
seaux qui descendent de collines riches en sel. Cette décou-

verte m'amenait à douter de l'existence des lacs de la région
du Ouadaï auxquels je pensais que l'Alima devait nous conduire. Le problème de l'hydrographie africaine me semblait
de plus en plus obscur, car je ne pouvais imaginer que
le Congo roulât ses ondes majestueuses en face de moi,
dans la direction du soleil levant. De mieux informés que
moi doutèrent eux-mêmes de ce fait extraordinaire lors des
premières affirmations de Stanley. Pour mon compte, à peine
eus-je pris connaissance de la traversée de cet explorateur,
que tout s'illumina subitement ; cette succession de cours
d'eau que je venais de traverser aboutissait au grand fleuve
de Livingstone et de Stanley.

Je compris alors que la découverte de l'Alima, qui devient
navigable non loin du point ou s'arrête la navigation des
pirogues dans l'Ogôoué, était d'une importance considérable non-seulement au point de vue géographique, mais
encore au point de vue commercial.

En effet la distance des deux rivières est fort restreinte ;
elle est d'à peu près cinquante mille, et le terrain est fort
propice pour le transport soit des marchandises, soit des
canots démontables. Cette région, qui sépare le bassin de
l'Ogôoué du bassin du Congo, est formée par des collines
sablonneuses de médiocre hauteur qui offrent plusieurs
passages des plus faciles, sans la difficulté d'une végétation
épaisse.

Des canots à vapeur d'un fort tonnage peuvent naviguer
dans l'Alima au point où nous l'avons atteint ; ils pourraient
rejoindre le Congo au delà des rapides qui barrent ce fleuve
du côté de l'Atlantique, point difficile à atteindre à cause
de l'hostilité de peuplades qui, de ce côté, monopolisent
le commerce. Aussi si l'Ogôoué n'est pas une voie directe
vers l'intérieur, il en est indirectement une, puisqu'il ouvre
le Congo et acquiert par là une importance capitale. Notre
persistance à ne pas borner notre exploration au cours de
l'Ogôoué et à la pousser plus loin malgré l'état de dénue-

ment dans lequel nous nous trouvions était donc couronné d'un résultat qui dépassait nos espérances.

Notre retour à l'Ogôoué ne fut assurément ni moins long, ni moins pénible qu'il ne l'avait été pour les invalides que j'avais renvoyés quelque temps auparavant sous la conduite de Ballay et de Hamon. Enfin, notre petite expédition se trouva réunie sur les rives de l'Ogôoué.

Au moment de descendre le fleuve, ce qui n'était qu'un jeu, je pensai à mes porteurs : Qu'allaient-ils devenir? Ils étaient trop heureux de se voir dans leur pays natal pour songer à me suivre au Gabon, le seul endroit où leur liberté pouvait être sauvegardée. Ils partirent en grand nombre, et presque tous furent arrêtés et réduits en esclavage dans les premiers villages qu'ils rencontrèrent. Ce fut une leçon pour ceux qui étaient restés et qui se décidèrent à nous accompagner au Gabon. Ils n'ont pu que se féliciter d'avoir pris ce parti, car je leur ai donné un village où leurs cases sont entourées de plantations et habitées par une population de poules, de cabris, etc. Leur existence est luxueuse et fait à peu de frais l'envie de leurs voisins; heureux de pouvoir se livrer à cette douce nonchalance qui constitue pour le nègre la parfaite béatitude, ils se raillent à juste titre de la sottise de leurs anciens compagnons qui, trop pressés de me quitter, sont allés se livrer d'eux-mêmes à leurs persécuteurs et sont traînés à travers le pays la fourche au cou et la bûche aux pieds.

Pour moi, ce n'est pas sans tristesse que je songe à ces humbles auxiliaires à qui j'aurais voulu assurer de meilleures destinées. Le malheur auquel ils semblent perpétuellement voués, l'obstination avec laquelle ils acceptent les dures conditions de leur existence ont souvent préoccupé ma pensée. J'ai déploré de ne pouvoir les arracher à leur misère; mais, en présence de ces mœurs sauvages et de l'obstination résignée des pauvres gens qui en sont victimes, j'ai dû reconnaître mon impuissance. Il faudra bien des interventions généreuses pour triompher de préjugés barbares qui sont encore plus profondément enracinés chez les esclaves que chez leurs trafiquants eux-mêmes.

Notre descente de l'Ogôoué fut rapide; nous avions à notre disposition les plus adroits pagayeurs et leur zèle était encore stimulé par la pensée qu'ils allaient nous ramener au pays où l'on désespérait peut-être de nous revoir. Chacun rivalisait d'adresse et d'entrain. Les bonnes relations que nous avions nouées avec les riverains ne pouvaient guère opposer à notre voyage d'autre retard que celui de répondre à leurs démonstrations amicales. C'eût été une descente triomphale, si un accident n'était venu nous apprendre que tous les triomphes ont leur contre-partie.

Lorsque Stanley apprit que les eaux de l'Atlantique étaient proches il eut la douleur de perdre dans les derniers rapides du Congo son dernier compagnon européen. Le même accident faillit m'arriver aux derniers rapides de l'Ogôoué : mon ami, le docteur Ballay, que nos longues épreuves m'avaient rendu si cher, fut sur le point de périr sous nos yeux.

Ma pirogue venait de descendre les rapides, lorsqu'un hippopotame alla donner sur l'embarcation de Ballay qui nous suivait à une cinquantaine de mètres. Atteinte en pleine violence du courant par la rencontre du monstrueux amiral, la pirogue fut culbutée d'avant en arrière et tournoya comme une frêle épave au milieu du fleuve. Heureusement le docteur Ballay avait pu se cramponner à l'embarcation, et je réussis à arriver à temps pour le tirer de ce danger.

De retour chez les Okanda, nous étions désormais, sinon en pays civilisé, du moins en pays ami. Nous ressentîmes ici un premier effet de cette civilisation dont nous étions séparés depuis si longtemps. Au pays des Okanda, en effet, nous attendaient des caisses que la Société de Géographie de Paris nous avait envoyées. Par malheur, elles étaient arrivées au Gabon même, pillées des objets qui nous eussent été le plus précieux s'ils avaient pu nous parvenir en temps utile. M. le commandant Boitard, commandant supérieur du Gabon, avait pris soin de compléter les vides des caisses dans les conditions les plus appropriées à nos besoins probables.

A ce sujet, nous devons ici rendre un hommage de vive reconnaissance au commandant Boitard, dont la sollicitude éclairée autant que prévoyante n'a cessé de veiller sur nous. Puissent ces remerciements aller le trouver dans les nouvelles fonctions auxquelles il a été appelé!

Chez les Okanda également, nous apprîmes qu'un second envoi fait par la Société de Géographie n'avait pas été plus heureux que le premier, malgré les précautions les plus intelligentes. Il s'était dispersé, celui-là, entre les mains d'hommes inconscients et timorés. Nous le devions à la haute bienveillance du roi des Belges, président de l'Association africaine internationale. Que S. M. le roi Léopold II daigne agréer ici l'expression de notre gratitude. Nous avons appris, en effet, au retour, que le comité belge de l'Association africaine avait tenu à affirmer le caractère international de l'œuvre en venant au secours de voyageurs français. Si le comité français a quelque jour l'occasion de donner les mêmes preuves de libéralisme, nous sommes sûrs qu'il n'y manquera pas.

A partir de ce jour, notre marche fut accélérée par les rapides qui l'avaient si péniblement entravée au début du voyage. Ils emportèrent nos pirogues comme des flèches jusqu'à la station où, pour la première fois, nous revîmes des représentants de nos civilisations. Il eût été difficile de les trouver plus généreux, plus hospitaliers que ne le furent le docteur Nassau, missionnaire américain, et mistress Nassau. Cameron et Stanley avaient, à leur départ de la côte orientale, trouvé un précieux appui chez les missionnaires catholiques français de Bagamoyo; à notre retour, nous reçûmes l'accueil le plus cordial dans une mission protestante. L'épaisseur du continent africain n'a pas, sur la charité, l'influence des Pyrénées sur la vérité.

Quatre jours après la réception cordiale du docteur Nassau, nous étions sur terre française au Gabon. Le commandement par intérim, M. de Codière, nous fit un accueil dont nous conserverons le durable souvenir.

Nos escales vers l'Europe nous mirent à même d'apprécier l'hospitalité de M. Fonseca, gouverneur de l'île des Princes, et fidèle interprète du bon vouloir du gouvernement portugais en faveur des explorations africaines. A Lisbonne, l'un des plus augustes parmi les membres de notre Société, le roi de Portugal, auquel nous fûmes obligeamment présentés par M. de Laboulaye, ministre de France en Portugal, nous donna de précieuses marques de sa haute bienveillance. S. M. Don Luis daignera nous pardonner si, absents d'Europe depuis longtemps, nous avons pu manquer en quelque point, et en particulier par notre costume, aux règles de l'étiquette. Enfin, messieurs, ce n'est pas la moindre de nos joies de nous trouver aujourd'hui parmi vous, devant un public d'élite, prêt à rendre justice, sinon à nos succès, du moins à nos consciencieux efforts.

Vous n'avez entendu, messieurs, qu'un aperçu à vol d'oiseau de notre voyage dans l'Afrique équatoriale. On ne raconte pas en une heure de temps trois années d'incidents variés, de tentatives vaines, de succès imprévus, d'impressions pénibles ou agréables, mais plus généralement pénibles.

Je ne terminerai pas sans vous faire remarquer la place relativement petite que tient sur la carte d'Afrique le territoire reconnu par l'expédition française. Il faut en tirer cet enseignement que la conquête géographique de l'immense continent coûtera bien des peines encore. Bien des voyageurs encore y useront leur santé, y laisseront peut-être leur vie. Les explorateurs français ne failliront point à la tâche qui leur incombe, surtout du côté de nos possessions. Pour ma part, je suis prêt à reprendre la campagne. Mais, en terminant, permettez-moi de vous le dire, messieurs, l'explorateur a d'autant plus d'abnégation, j'allais dire d'entrain au sacrifice, qu'il se sent suivi de plus près par les sympathies de son pays!

PARIS. — IMPRIMERIE E. MARTINET, RUE MIGNON, 2.

www.ingramcontent.com/pod-product-compliance
Lightning Source LLC
LaVergne TN
LVHW021641170726
843501LV00007B/2352